TABLE

DES

PRIX D'ADJUDICATION

ET DES

NOMS D'ACQUÉREURS

DES

OBJETS D'ART

COMPOSANT LA

PRÉCIEUSE COLLECTION

THOMASSIN FRÈRES

dont la vente a eu lieu à Douai en novembre 1883

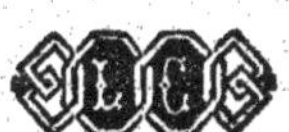

PRIX **3** FRANCS.

DOUAI

L. CRÉPIN, LIBRAIRE

23, rue de la Madeleine, 23.

1884

TABLE

DES

PRIX D'ADJUDICATION

ET DES

NOMS D'ACQUÉREURS

DES

OBJETS D'ART

COMPOSANT LA

PRÉCIEUSE COLLECTION

THOMASSIN FRÈRES

dont la vente a eu lieu à Douai en novembre 1883

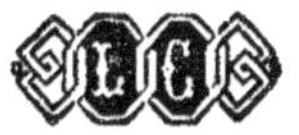

DOUAI

L. CRÉPIN, LIBRAIRE

23, rue de la Madeleine, 23.

1884

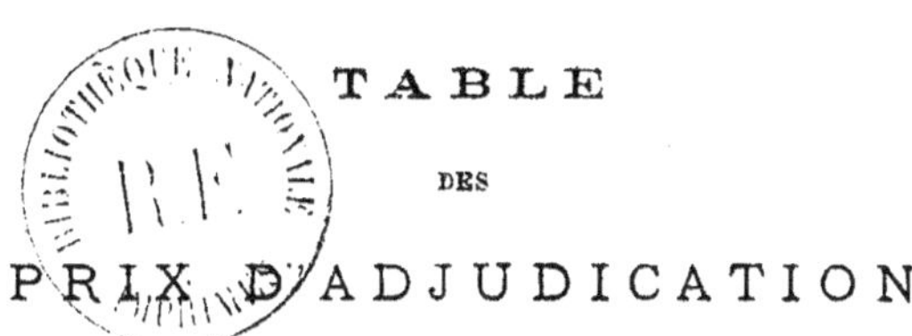

TABLE

DES

PRIX D'ADJUDICATION

ET DES

NOMS D'ACQUÉREURS

DES

OBJETS D'ART

TABLE

PRIX D'ADJUDICATION

LES NOMS D'ACQUÉREURS

OBJETS D'ART.

N°	MM.	PRIX.
1.	Mailliez, antiquaire à Douai.	10.100
2.	Méric, G., à Paris	1.750
3.	Liégeard, à Besançon	2.800
4.	Mme André Bernard, à Courrières.	1.000
5.	Dubus, notaire à Douai.	675
6.	Brunet, à Paris	630
7.	Deswarte, à Lille	650
8.	Comte d'Hespel, à Douai.	900
9.	Roland, à Paris.	320
10.	Scrive, à Lille.	745
11.	Valpinson, à Paris.	2.050
12.	Groult, à Frais-Marais	155
13.	Mailliez	360
14.	Legemble, à Paris	405
15.	Dubus.	2.250

N⁰.	MM	PRIX.
16.	Deswarte.	280
17.	Brenot, à Paris	365
18.	Monnier, à Valenciennes	105
19.	Hourez, à Lille	100
20.	Brunet.	1.570
21.	Legentil, à Douai	325
22.	Legrand, r. des Minimes à Douai.	220
23.	Mᵐᵉ Doucet, à Paris	115
24.	Comte R. de Francqueville, à Paris.	170
25.	Fernet, à Péronne.	250
26.	Delauney, à Boulogne-sur-Mer.	180
28.	Mailliez.	275
29.	Groult.	160
30.	Dennery, à Paris	220
31.	Bonnier, à Lille.	185
32.	Lefrançois, à Rouen	700
33.	Mᵐᵉ André Bernard	240
34.	Cavrois, à Arras.	145
35.	Bommard, à Douai.	185
36.	Cavrois, à Arras.	225
37.	Delauney.	65
38.	Mᵐᵉ Doucet.	195
39.	Le comte d'Hespel	390
40.	Albert Bouard, à Boulogne-s-Mer.	150
41.	Dubus.	275
42.	Delauney.	74
43.	Mailliez	200

N^{os}	MM.	PRIX.

N°⁵	MM.	PRIX.
44.	Heft, à Paris.	175
45.	Delauney.	100
46.	Mme André Bernard	180
47.	Mme Doucet.	180
48.	Dennery, à Paris	255
49.	Delauney.	350
50.	Cambon, préfet du Nord.	290
51.	Slass, à Paris.	405
52.	Groult.	405
53.	Laloy, à Flines	110
54.	Hourez, à Lille	700
55.	Delauney.	1.040
56.	Dupont, banquier à Douai.	250
57.	Liégard.	480
58.	Lefebvre, à Amiens.	235
59.	Hourez.	115
60.	Mme André Bernard.	135
61.	Mme André Bernard	170
62.	Lefebvre	185
63-64-65.	Valpinson.	1.200
66.	Lefebvre	290
66 *bis*.	Druon, notaire à Douai	315
67.	Dubus.	385
68.	Scrive.	810
69.	Hourez.	205
70.	Dubus.	175
71.	Comte R. de Francqueville.	25

N°	MM.	PRIX.
72.	Groult	145
73.	Mme André Bernard	525
74.	Liégeard	1.725
75.	Delauney	1.100
76.	Mailliez	400
77.	Legentil, à Douai	40
78.	Albert Jumel, à Amiens	2.600
79.	Dujardin à Douai	100
80.	Gandouin, à Paris	165
81-118	Poncelet, à Douai	2.450
82.	Delprat, à Paris	935
83.	Lefrançois, à Rouen	1.020
84.	Comte R. de Francqueville	69
85.	Maugin, à Douai	86
86.	Bellet-Degroux, à Lille	85
87.	Dollet, à Cambrai	70
88.	Comte d'Hespel, à Douai	255
89.	Comte R. de Francqueville	41
90.	Liégeard	405
91.	Massier, à Douai	150
92.	Mme Doucet	120
93.	Comte R. de Francqueville	140
94.	Hourez	650
95.	Dollet, à Cambrai	565
96.	Albert Jumel	175
97.	Dennery	445
97 *bis*.	Comte R. de Francqueville	525

N.os	MM.	PRIX.
98.	Deswarte	140
99.	Dennery	1.171
100.	Ribet, à Paris	555
101.	Delauney	72
102.	Scrive	160
103.	Comte d'Hespel	300
104.	Poncet	140
105-106.	Hourez	550
107.	Scrive	195
108.	Scrive	165
109.	Carlier, à Lille	250
110.	Darly, à Amiens	140
111.	Delauney	91
112-113.	Dennery	610
114.	Hourez	3.375
115.	Carlier	700
116.	Dennery	200
117.	Liégeard	500
118 et 81.	Poncelet, à Douai	2.450
119.	Dennery	700
120.	Bouard, à Boulogne	1.000
121.	Hourez	1.805
122.	Gandouin	470
123.	Lefebvre	560
124.	Hourez	400
125.	Delauney	405
126.	Hourez	850

Nᵒˢ	MM.	PRIX.
127.	Delauney	825
128-129.	Hourez	520
130.	Gandouin	345
131-132.	Hauzeur de Simony, à Verviers (Belgique)	660
133.	Lefrançois	190
134-135.	Legrand	880
136.	Hourez	160
137.	Hourez	135
138.	Goudstickher, à Amsterdam (Hol.)	41
139.	Dujardin	17
140.	Hourez	250
141.	Poncelet	150
142.	Lefrançois	150
143.	Poncelet	65
144-145.	Massier	250
146.	Hourez	250
147.	Hourez	170
148.	Hazard, à Douai	135
149.	Hourez	135
150.	Lefrançois	90
151.	Mailliez	405
152.	Goudstickher	50
153.	Goudstickher	205
154.	Poncelet	195
155.	Poncelet	550
156.	Mailliez	270

N.⁰ˢ	MM.	PRIX.
157.	Hourez	140
158.	Gandouin	1.300
159.	Mailliez	140
160.	Hourez	200
161.	Mailliez	305
162.	Lefebvre	56
163.	Lefebvre	150
164.	Delauney	68
165.	Delauney	64
166.	Monnier	105
167.	Lefebvre	72
168.	Lefebvre	68
169.	Mailliez	145
170.	Hazard	69
171.	Kern, à Paris	78
172.	Hourez	285
173.	Lefebvre	59
174.	Liégeard	55
175.	Drion, à Aniche	215
176.	Paul Paix, à Douai	52
177.	Lefebvre	47
178.	Mailliez	34
179.	Nicols, à Valenciennes	165
180.	Hourez	510
181.	Goudstickher	68
182.	Gandouin	50
183.	Lefebvre	51

N^{os}	MM.	PRIX.
184.	Dubus	215
185.	Mme Wibault, à Douai.	100
186.	Cavroy, à Douai.	100
187.	Monnier.	51
188.	Goudstickher	59
189.	Goudstickher.	50
190.	Cavroy, à Douai.	40
191.	Goudstickher.	76
192.	Lefebvre.	50
193.	Goudstickher.	21
194.	Lefebvre.	18
195–196.	Delauney.	20
197.	Monnier.	28
198.	Cavroy, à Douai.	25
199.	Kern.	34
200.	Monnier.	36
201.	Hazard.	50
202.	Hazard.	45
203.	Diot-Vitot, à Abbeville.	18
204.	De Bailliencourt, à St-Omer	14
205.	Cavroy, à Douai.	34
206.	Boca, cap. d'artillerie à Douai.	34
207.	Druon	21
207 *b*.	Comtesse de Muyssart, à Montigny	13
208.	Monnier.	11
208 *bis*.	Cavroy, à Douai.	13
209.	Cavroy, à Douai.	74

N°	MM.	PRIX.
209 *bis*.	Delauney	11
210.	Dollez, à Cambrai.	65
211.	Gandouin	200
212.	Delauney	36
213.	Poncelet.	120
214.	Dujardin.	10
215.	Delauney	11
216.	Lefrançois	275
217.	Poncelet.	33
218.	Houssart.	11
219.	Mairesse, à Cambrai.	100
220.	Deltombe, à Douai	19
220 *bis*.	Monnier.	30
220 *ter*.	Goudstickher	19
220⁴	Lefebvre.	51
221.	Poncelet.	11
222.	Delauney	40
223.	Tahon	18
224.	Deltombe	16
225.	Brabant, à Cambrai.	180
226.	Cassel, à Arras.	170
227.	Delauney	150
228.	Delauney	170
229.	Goudstickher	39
230.	Hauzeur de Simony	200
231.	Delauney	100
232.	Delauney	285

N°	MM.	PRIX.
257 *bis*.	Hazard	55
258.	Lefrançais	25
259.	Hazard	135
260-260 *bis*.	Diot-Vitot, à Abbeville	20
261.	Lefebvre	10
262.	Mothe	68
263-264.	Eugène, Becthum, à Arras	27
264 *bis*.	Brunet	28
265.	Monnier	50
266.	Delcambre,comm.-priseur,à Douai	1.175
267.	Poncelet	185
268.	Lefebvre	165
269.	Gandouin	400
270.	Lefrançois	47
271.	Lefebvre	81
272.	Hazard	30
273.	Goudstickher	170
274.	Lefebvre	105
275.	Valpinson	115
276.	Lefebvre	99
277.	Diot-Vitot	110
278.	Groult	125
279.	Mailliez	20
280.	Goudstickher	145
281.	Lefebvre	67
282.	de Chabrignac, cap.d'artillerie	40
283.	Monnier	44

N°°	MM.	PRIX.
284.	Bonnier.	36
285.	Goudstickher	40
286-287.	Poncelet	60
288.	Bonnier.	38
289.	Mlle de Cannetteman	17
290.	Poncelet.	180
291.	Tahon	56
292.	Goudstickher	35
293-294.	La comtesse d'Elva	115
295.	Goudstickher	80
296.	Goudstickher	32
297.	Lefebvre.	76
298.	La comtesse d'Elva.	75
299.	Monnier.	80
300.	Goudstickher	40
301.	Bonnier.	12
302.	Dollez	40
303-304-306-307.	Goudstickher.	100
305.	Le colonel de Chabrignac	25
308.	Bonnier.	14
309.	Monnier.	21
310.	Monnier.	32
311.	Goudstickher	68
312.	Goudstickher	120
313.	Poncelet.	90
314.	Colonel de Chabrignac.	35
315-316.	Hauzeur de Simony.	100

N⁰	MM.	PRIX.
317.	Hauzeur de Simony.	64
318.	Colonel de Chabrignac.	48
319.	Goudstickher	18
320.	Goudstickher	150
321.	Goudstickher	62
322.	Goudstickher	55
323.	Goudstickher	40
324.	Poncelet.	27
325.	Hauzeur de Simony.	465
326.	Hauzeur de Simony.	800
327-340.	Goudstickher.	40
328.	La comtesse d'Elva.	36
329.	Monnier.	50
330.	Hauzeur de Simony.	50
331-332.	Hazard.	78
333.	Lefebvre.	57
334.	Hazard.	90
335-336.	Goudstickher	100
337-338.	Dujardin	140
339.	Lefrançois	26
341.	Goudstickher	59
342-343.	Lefebvre	35
344.	Lefebvre.	99
345.	Gostieaux	78
346.	Hauzeur de Simony	76
347.	Colonel de Chabrignac.	30
348-349.	Delauney	100

N^{os}	MM.	PRIX.

N°°	MM.	PRIX
407.	Lefrançois	27
408.	Goudstickher	90
409.	Hauzeur de Simony	185
410.	Hauzeur de Simony	200
411.	Goudstickher	74
412.	Houssard, à Cambrai	67
413.	Bar, à Béthune	51
414.	Lefrançois	155
415.	Lefebvre	60
416-417.	Goudstickher	42
418.	Motte-Bossut, à Roubaix	230
419.	Pecqueur, à Douai	54
420.	Mailliez	30
421.	Poncelet	150
422.	Poncelet	240
423.	Lefebvre	53
424.	Hauzeur de Simony	205
425-427.	Choquet, à Douai	60
426.	Druon	22
428.	Mme l'amirale Baudin	12
429.	Delauney	51
430-431.	La comtesse d'Elva	165
432.	Goudstickher	68
433.	Tahon, à Lille	37
434.	Mme Lambrecht, à Montigny	51
435.	Hourez	230
436.	Waché, à Douai	15

N^{os}	MM.	PRIX.

N°ˢ	MM.	PRIX.
437.	Houssard.	71
438.	Hourez.	125
439.	Poncelet	155
440.	M. de Saint-Germain, à Paris	180
441.	Tahon	60
442.	Cavroy, à Douai.	52
443.	Hourez.	60
445.	Slass, à Paris.	86
446.	Goudstickher	51
447.	Willemain, à Aniches	18
448.	Brenot, à Paris	84
449.	Delauney.	62
450.	Hourez.	210
451.	Cavroy, à Douai.	13
452.	Mme Maugin, à Douai	20
453.	M. de Mey, à Bruges.	20
454.	Cavroy, à Douai.	30
455.	Hourez.	35
456.	Hayez, à Douai	37
457.	Lecelle, conseiller à Arras.	10
458.	Becthum	26
459.	Lefebvre	72
460.	Waché.	25
461-470.	De Bailliencourt, à St-Omer	145
462.	Waché.	32
463.	Tahon	57
464.	Tahon	56

N°ˢ	MM.	PRIX.
465.	Lefebvre	40
466.	Mme Lambrecht.	20
467.	Tahon	16
468.	Brunel.	16
469-470.	Mme Maugin, r. Morel, à Douai.	25
471.	Bonnier	61
472.	Mme Maugin, rue du Canteleux, à Douai.	13
473.	Morel, à Arras	36
474.	Delauney.	66
475.	Tahon	48
476.	Tahon	36
477.	Deswarte.	12
478-479.	Willemain	40
480.	Tahon	55
481.	Cavroy, à Douai.	70
482.	De Mey	51
483.	Houssard.	50
484.	Tahon	50
485.	Mailliez	26
486.	Lefebvre	71
487.	Mme Lambrecht.	36
488.	Tahon	27
489.	Goudstickher	63
490.	Chartier, à Douai	245
491.	Poncelet	85
492.	Dubus	705
493.	Hourez.	120

N.ᵒˢ	MM.	PRIX.
494.	Chartier	400
495.	Carlier, à Lille.	680
496.	Hourez	725
497.	Dubus	335
498.	Mailliez.	200
499.	Delauney	395
500.	Houssard	70
501.	Goudstickher	400
502.	Hourez.	105
503.	Hourez.	105
504.	Mailliez	155
505.	Delauney	37
506.	Mailliez	155
507.	Poncelet	61
508.	Maugin.	55
509.	Maugin.	61
510.	Hayez	30
511.	Mailliez.	80
512.	Hourez.	105
513.	Houssard	26
514.	Delauney	37
515.	Goudstickher.	77
516.	Carlier.	78
517.	Mlle de Cannetteman.	30
518-522.	La comtesse d'Elva	70
519.	Choquet	22
520.	Carlier.	105

N⁰ˢ	MM.	PRIX.
521.	Willlemain	35
523.	Drion, à Aniches.	55
524.	Delauney	30
525.	Hourez.	50
526.	Tahon	60
527.	La comtesse d'Elva	6
528.	Jumel	360
529.	Mailliez	90
530.	Mailliez.	260
531.	De Mey.	105
532.	Jumel	92
533.	Dupaure, à Arras.	140
534.	Pommery, à Reims	105
535.	Cavroy, à Douai.	56
536.	Darly, à Amiens.	28
537.	Coppin, banquier à Douai	60
538.	Pommery	34
539.	Lefebvre	110
540.	Lefebvre	21
541.	Coppin	200
542.	Tahon	115
543.	Pommery	57
544.	Delcambre, commissaire-priseur	900
545.	Mailliez.	205
546.	Hayez	71
547.	Pommery	107
549.	Poncelet	40

N°ˢ	MM	PRIX.
550.	Pommery	60
551.	Pommery	83
552.	Pommery	195
553–554.	Pommery	140
555.	Lefebvre	245
556.	Mailliez	155
557.	Pommery	52
558.	Lecenne, à Arras	90
559.	Pommery	180
560.	Pommery	87
561.	Mᵉ Doucet, à Paris	850
562.	Groult	255
563.	Monnier	63
564.	Monnier	42
565.	Monnier	50
566.	Monnier	39
567.	Delauney	83
567 *bis*.	Edmond Paix	13
568.	Pommery	89
569.	Gracy, à Douai	9
570.	Coppin	125
571.	Poncelet	41
572.	Mᵉ Doucet	155
573.	Tahon	39
574.	Walle, à Paris	750
575.	Caillot, à Paris	440
576.	Jumel	160

N^{os}	MM.	PRIX.
577.	Maugin, rue du Canteleux . . .	100
578	Morel	250
579.	Hauzeur de Simony	160
580.	Carlier.	86
581.	Mailliez	96
582.	Mailliez	400
583.	Bar, à Béthune	350
584.	Dubois, à Douai.	205
585.	Hauzeur de Simony. . . .	100
586.	Maillez.	81
587.	Goudstickher.	100
588.	Mailliez	105
589.	Hauzeur de Simony	200
590.	Tahon	155
591.	Mailliez	155
592.	Jumel	220
593.	Bar	315
594.	Poncelet	41
595.	Lefebvre	140
596.	Poncelet	160
597.	Hayez	50
598.	Renard, à Liége	255
599.	Mailliez	150
600.	Mlle de Cannetteman	18
601.	Hourez.	51
602.	Hourez	44
603.	Poncelet	140

N°	MM.	PRIX.
604-605.	Poncelet, à Douai	31
604 *bis*.	Edmond Paix	31
606-607.	Foncelet	16
608.	Poncelet	25
608 *bis*.	Mme Doucet, à Paris	47
609.	Hourez	70
610.	Hourez	95
611.	Lefehvre	105
612.	Champenois, à Douai	45
613.	Duhem, à Douai	66
614.	Morel	200
615.	Mailliez	80
616.	Cavroy, à Douai	110
617.	Mailliez	115
618.	Hourez	71
619.	Pommery	36
620.	Poncelet	12
621.	Hauzeur de Simony	25
622.	Houssard	26
623.	Poncelet	70
624.	Mailliez	100
625.	Choquet	6
626.	Hazard	30
627.	Mailliez	92
627 *bis*.	Poncelet	160
627 *ter*.	Pérot	175
628.	Gandouin, à Paris	75

N⁰ˢ	MM.	PRIX.
658.	Goudstickher	300
659.	Goudstickher	100
660.	Edmond Paix	87
661-662.	Salomon, à Paris	2.750
663.	Edmond Paix	50
664.	Goudstickher	155
665.	Lefrançois, à Rouen	700
666.	Candelier, notaire à Lens	1.625
667.	Goudstickher	420
668.	Desauville, rue de Bellain, 20	95
669-670.	Goudstickher	1.100
671.	Kern, à Paris	100
672-673.	Goudstickher	805
674.	Diot-Vitot	73
675.	André Bernard,	40
676.	Goudstickher	100
677.	Gostieaux	52
678.	De Broower	53
679.	Lefebvre	50
680.	Goudstickher	210
681.	Goudstickher	150
682.	Liégeard	150
683.	Lampérière	210
684.	Hauzeur de Simony	170
685.	Goudstickher	60
686-687.	Morel	300
688.	Goudstickher	55

Nᵒˢ	MM.	PRIX.
689.	Goudstickher	200
690.	André Bernard	200
691.	Lefebvre	23
692.	Goudstickher	80
693.	Cte R. de Francqueville	50
694.	Massier	120
695.	Gandouin	5
697.	Lambrecht	45
697 *bis*.	Mailliez	47
697 *ter*.	Hourez	66
698.	Schiff, à Paris	135

Produit total de la vente.   163.527 10

6718. — Douai, imp. L. Crépin, 23, rue de la Madeleine.

IMPRIMERIE L. CRÉPIN
PATIENTIA
CL
DOUAI